Impressum
Verlag: BABADADA GmbH, Nedderfeld 112 , 22529 Hamburg
Geschäftsführer / Verlagsleitung: Harald Hof
Druck: Books on Demand GmbH, In de Tarpen 42, 22848 Norderstedt

Imprint
Publisher: BABADADA GmbH, Nedderfeld 112 , 22529 Hamburg, Germany
Managing Director / Publishing direction: Harald Hof
Print: Books on Demand GmbH, In de Tarpen 42, 22848 Norderstedt

colegio
škola

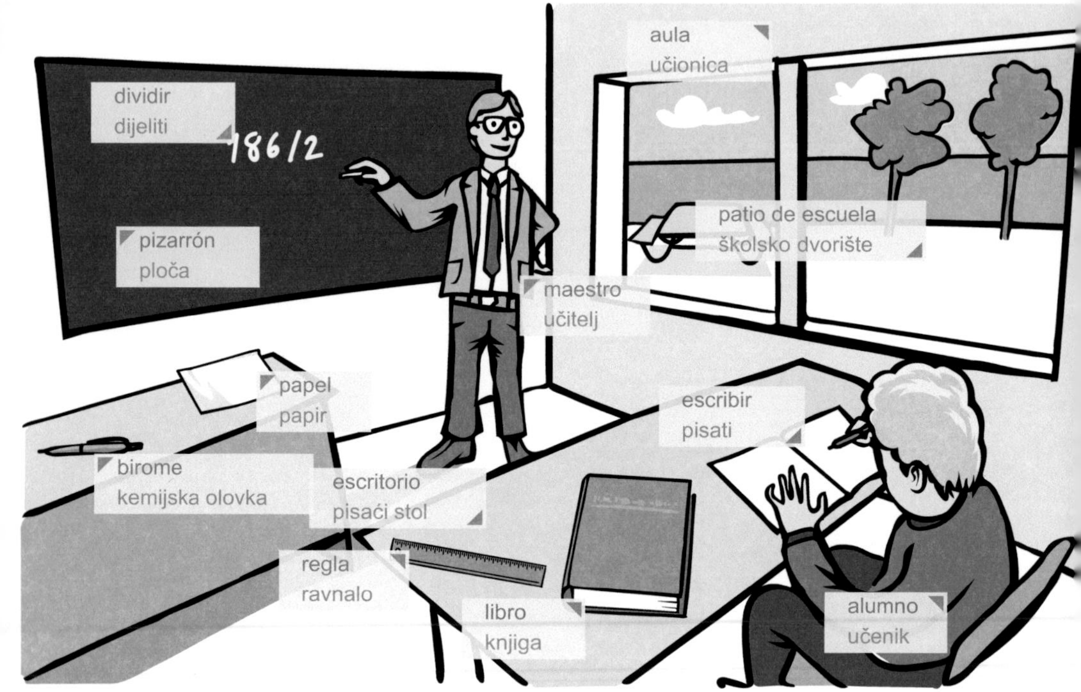

aula
učionica
dividir
dijeliti
186/2
pizarrón
ploča
patio de escuela
školsko dvorište
maestro
učitelj
papel
papir
escribir
pisati
birome
kemijska olovka
escritorio
pisaći stol
regla
ravnalo
libro
knjiga
alumno
učenik

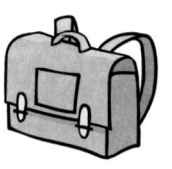

mochila

torba

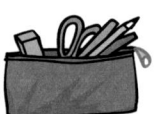

caja de lápices

pernica

lápiz

grafitna olovka

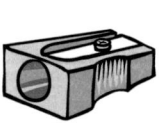

sacapuntas

šiljilo za olovke

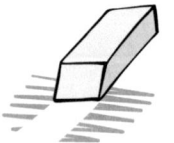

goma (de borrar)

gumica za brisanje

bloc de dibujo

blok za crtanje

dibujo

crtež

pincel

kist

caja de pinturas

kutija s bojama

tijera

makaze

pegamento

ljepilo

cuaderno de ejercicios

bilježnica

tarea

domaći zadatak

12

número

broj

sumar

sabirati

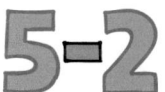

restar

oduzimati

multiplicar

množiti

calcular

računati

letra

slovo

abecedario

abeceda

hello

palabra

riječ

texto

tekst

leer

čitati

tiza

kreda

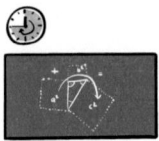

lección

sat

cuaderno de clase

dnevnik

examen

ispit

certificado

svjedodžba

uniforme escolar

školska uniforma

educación

obrazovanje

enciclopedia

leksikon

universidad

sveučilište

microscopio

mikroskop

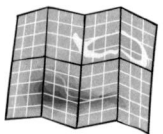

mapa

karta

tacho (de basura)

košara za papir

viaje
putovanje

hotel
hotel
Grand
hostel
prenoćište
ROOMS
casa de cambio
mjenjačnica
EXCHANGE
valija
kofer
auto
auto

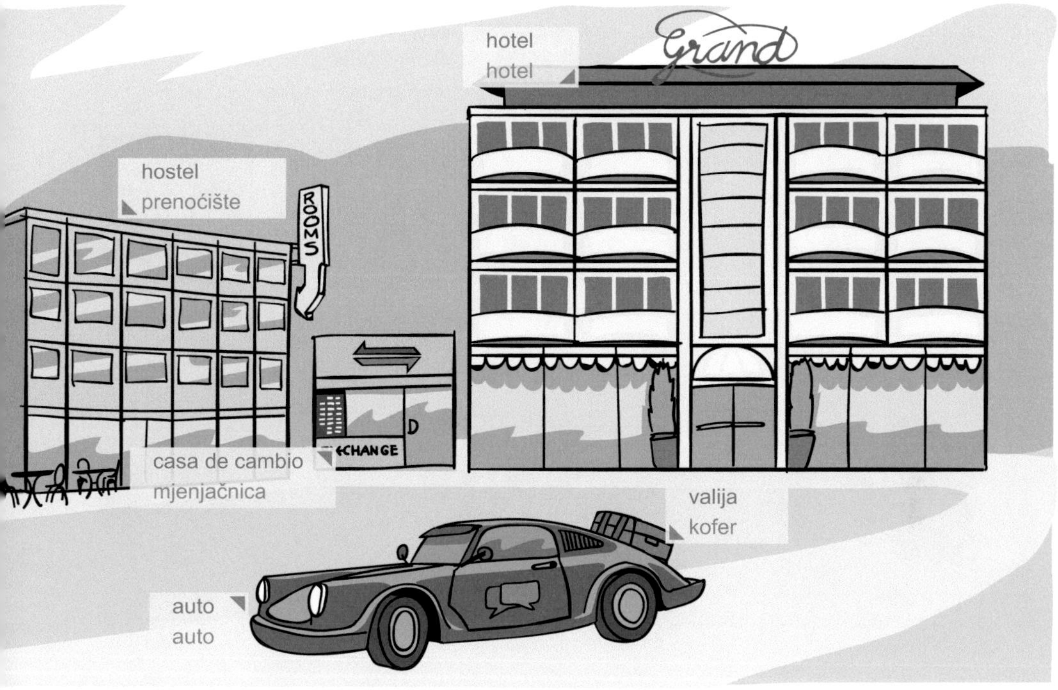

idioma

jezik

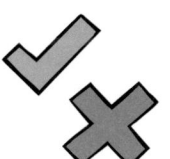

sí / no

da / ne

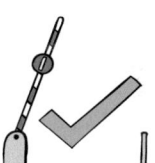

Está bien

okay

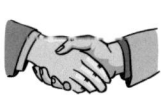

hola

zdravo

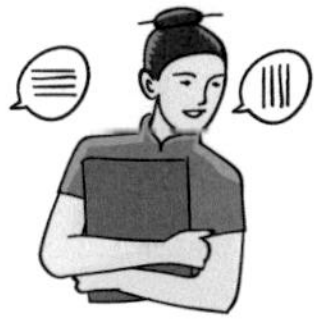

traductor

prevoditelj

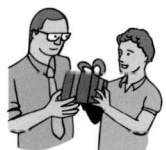

Gracias

hvala

¿cuánto cuesta…?

Koliko košta…?

No entiendo

ne razumijem

problema

problem

¡Buenas tardes!

dobro veče!

¡Buenos días!

Dobro jutro!

¡Buenas noches!

Laku noć!

adiós

doviđenja

dirección

smjer

equipaje

prtljaga

bolso

torba

mochila

ruksak

invitado

gost

habitación

soba

bolsa de dormir

vreća za spavanje

carpa

šator

información turística

turističke informacije

playa

plaža

tarjeta de crédito

kreditna kartica

desayuno

doručak

almuerzo

ručak

cena

večera

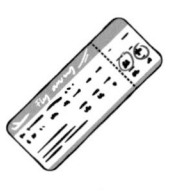

pasaje

karta za vožnju

ascensor

dizalo

sello

poštanska markica

frontera

granica

aduana

carina

embajada

ambasada

visa

viza

pasaporte

putovnica

transporte
transport

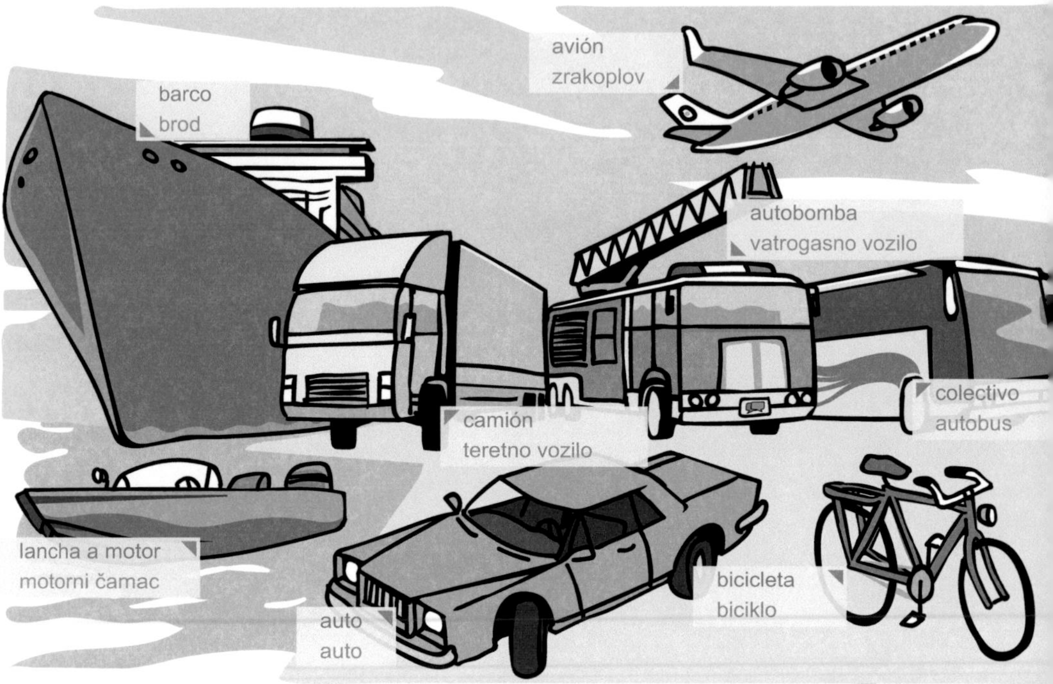
avión
zrakoplov
barco
brod
autobomba
vatrogasno vozilo
colectivo
autobus
camión
teretno vozilo
lancha a motor
motorni čamac
bicicleta
biciklo
auto
auto

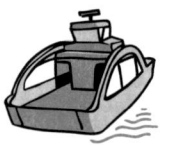

ferry

trajekt

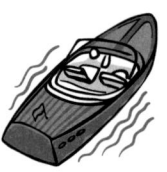

bote

čamac

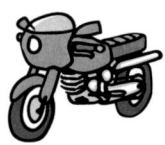

moto

motocikl

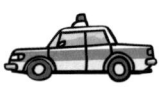

patrullero

policijski auto

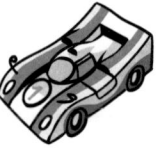

auto de carreras

trkaći auto

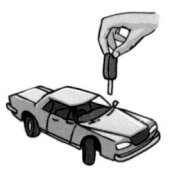

auto de alquiler

iznajmljeno auto

alquiler de autos

dijeljenje automobila

grúa

vučno vozilo

camión de basura

vozilo za odvoz smeća

motor

motor

nafta

benzin

estación de servicio

benzinska postaja

señal de tránsito

prometni znak

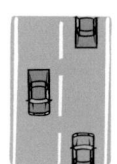

tránsito

promet

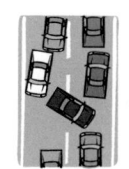

embotellamiento

zastoj

estacionamiento

parkiralište

estación de tren

kolodvor

vías

šine

tren

vlak

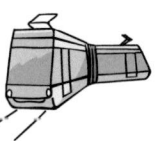

tranvía

tramvaj

vagón

vagon

helicóptero

helikopter

aeropuerto

zrakoplovna luka

torre

toranj

pasajero

putnik

contenedor

kontejner

caja de cartón

karton

carretilla

kolica

canasta

košara

despegar / aterrizar

uzletjeti / sletjeti

ciudad

grad

pueblo

selo

centro de ciudad

centar grada

casa

kuća

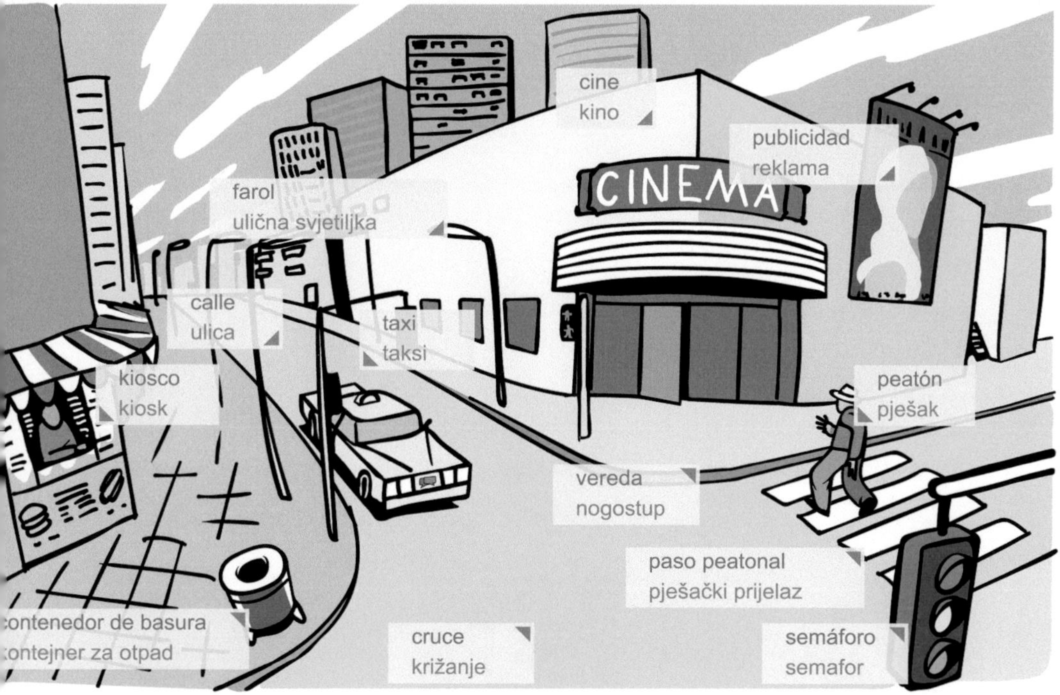

cine
kino

publicidad
reklama

farol
ulična svjetiljka

calle
ulica

taxi
taksi

kiosco
kiosk

peatón
pješak

vereda
nogostup

paso peatonal
pješački prijelaz

contenedor de basura
ontejner za otpad

cruce
križanje

semáforo
semafor

cabaña

koliba

departamento

stan

estación de tren

kolodvor

municipalidad

vijećnica

museo

muzej

colegio

škola

ciudad - grad

universidad
sveučilište

banco
banka

hospital
bolnica

hotel
hotel

farmacia
ljekarna

oficina
ured

librería
knjižara

negocio
prodavaonica

florería
cvjećara

supermercado
supermarket

mercado
trg

grandes tiendas
robna kuća

pescadería
ribarnica

centro comercial
trgovački centar

puerto
luka

parque

park

banco

klupa

puente

most

escaleras

stepenice

subte

podzemna željeznica

túnel

tunel

parada del colectivo

autobusna stanica

bar

bar

restaurante

restoran

buzón

poštansko sanduče

letrero

ulični znak

parquímetro

parkirni sat

zoológico

zoološki vrt

pileta

bazen

mezquita

džamija

granja

seosko gazdinstvo

contaminación

zagađenje okoliša

cementerio

groblje

iglesia

crkva

juegos infantiles

igralište

templo

hram

paisaje
krajolik

hoja
list

poste indicador
putokaz

camino
put

pradera
livada

piedra
kamen

árbol
drvo

excursionista
šetač

río
rijeka

hierba
trava

flor
cvijet

valle
dolina

montaña
planina

lago
jezero

bosque
šuma

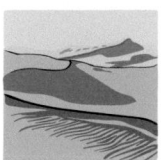

desierto
pustinja

volcán
vulkan

castillo
dvorac

arco iris
duga

champiñón
gljiva

palmera
palma

mosquito
moskito

mosca
muha

hormiga
mrav

abeja
pčela

araña
pauk

escarabajo

buba

rana

žaba

ardilla

vjeverica

erizo

jež

liebre

zec

lechuza

sova

pájaro

ptica

cisne

labud

jabalí

divlja svinja

ciervo

jelen

alce

los

presa

nasip

aerogenerador

vjetrenjača

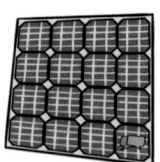

panel solar

solarna ploča

clima

klima

restaurante
restoran

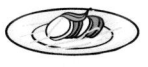

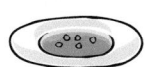

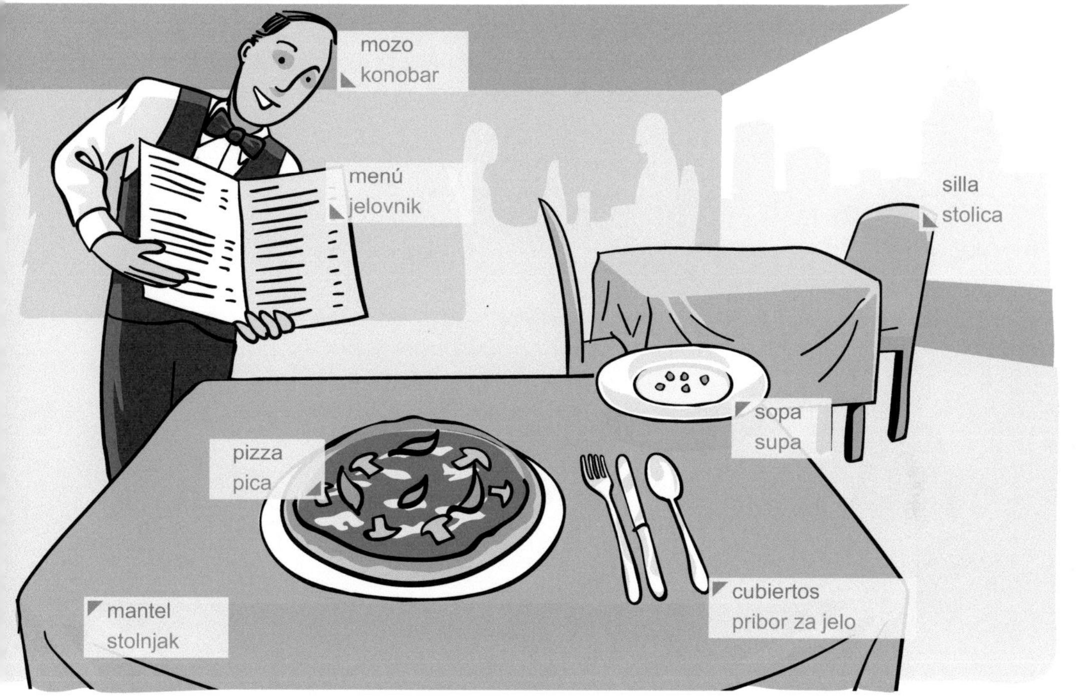
mozo
konobar
menú
jelovnik
silla
stolica
sopa
supa
pizza
pica
cubiertos
pribor za jelo
mantel
stolnjak

entrada

predjelo

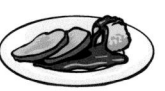

plato principal

glavno jelo

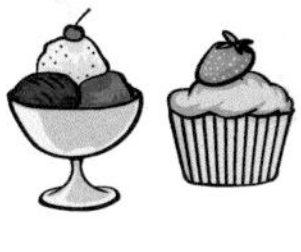

postre

desert

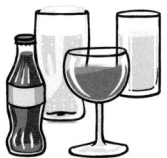

bebidas

napitci

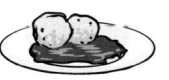

comida

jelo

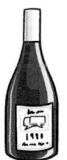

botella

boca

comida rápida

fastfood

comida callejera

imbis hrana

tetera

čajnik

azucarera

doza za šećer

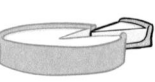

porción

porcija

cafetera expreso

aparat za espresso

sillita alta

visoka stolica

cuenta

račun

bandeja

pladanj

cuchillo

nož

tenedor

vilica

cuchara

žlica

cucharita

čajna žlica

servilleta

ubrus

vaso

čaša

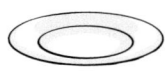

plato

tanjur

plato hondo

tanjur za supu

plato

tanjurić

salsa

sos

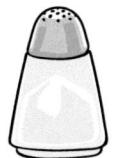

salero

soljenka

molinillo de pimienta

mlin za biber

vinagre

ocat

aceite

ulje

especias

začini

kétchup

kečap

mostaza

senf

mayonesa

majoneza

supermercado
supermarket

oferta especial
ponuda
cliente
kupac
lácteos
mliječni proizvodi
FOR
fruta
voće
changuito
kolica za kupnju

BUTCHERS

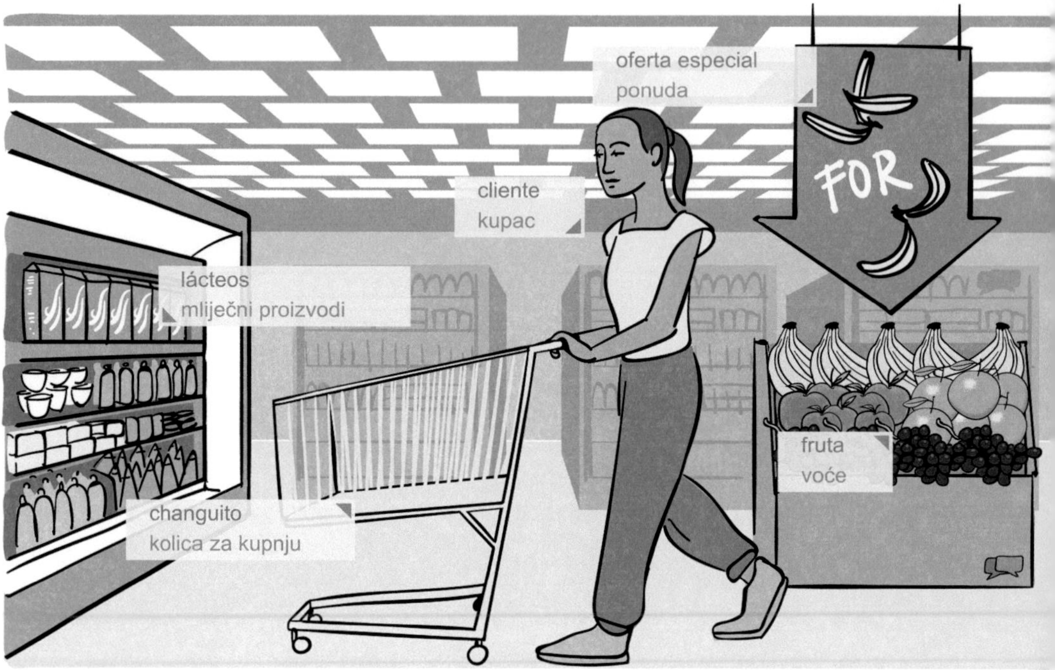

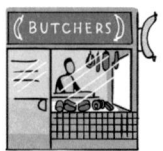

carnicería

mesnica

BAKERY

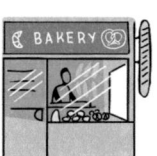

panadería

pekarnica

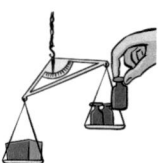

pesar

vagati

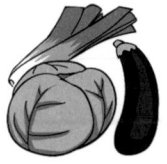

verduras

povrće

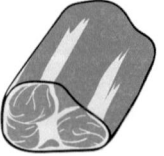

carne

meso

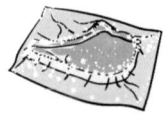

alimentos congelados

duboko smrznuta hrana

fiambres
narezak

alimentos enlatados
konzerve

detergente en polvo
sredstvo za pranje

golosinas
slatkiši

electrodomésticos
artikli za domaćinstvo

productos de limpieza
sredstva za čišćenje

vendedora
prodavačica

caja
blagajna

cajero
blagajnik

lista de compras
lista za kupnju

horario de atención
vrijeme rada

billetera
novčanik

tarjeta de crédito
kreditna kartica

cartera
torba

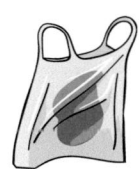

bolsa de plástico
plastična vrećica

agua

voda

jugo

sok

leche

mlijeko

bebida cola

cola

vino

vino

cerveza

pivo

alcohol

alkohol

cacao

kakao

té

čaj

café

kava

café expreso

espresso

cappuccino

cappuccino

banana

banana

manzana

jabuka

naranja

naranča

melón

lubenica

limón

limun

zanahoria

mrkva

ajo

češnjak

bambú

bambus

cebolla

luk

champiñón

gljiva

nueces

orašasti plodovi

fideos

rezanci

tallarines

špagete

arroz

riža

ensalada

salata

papas fritas

pomfrit

papas fritas

pečeni krumpir

pizza

pica

hamburguesa

hamburger

sándwich

sendvič

churrasco

šnicla

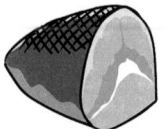

jamón

pršut

salame

salama

salchicha

kobasica

pollo

kokoš

asado

pečenje

pescado

riba

comida - jelo

copos de avena

zobene pahuljice

muesli

musli

copos de maíz

kukuruzne pahuljice

harina

brašno

medialuna

roščić

pancito

pecivo

pan

kruh

tostada

toast

galletitas

keksi

manteca

maslac

cuajada

svježi sir

torta

kolač

huevo

jaje

huevo frito

jaje na oko

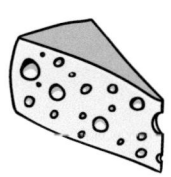

queso

sir

helado
sladoled

azúcar
šećer

miel
med

mermelada
marmelada

pasta de chocolate
nugat krema

curry
curry

comida - jelo

granja
seosko gazdinstvo

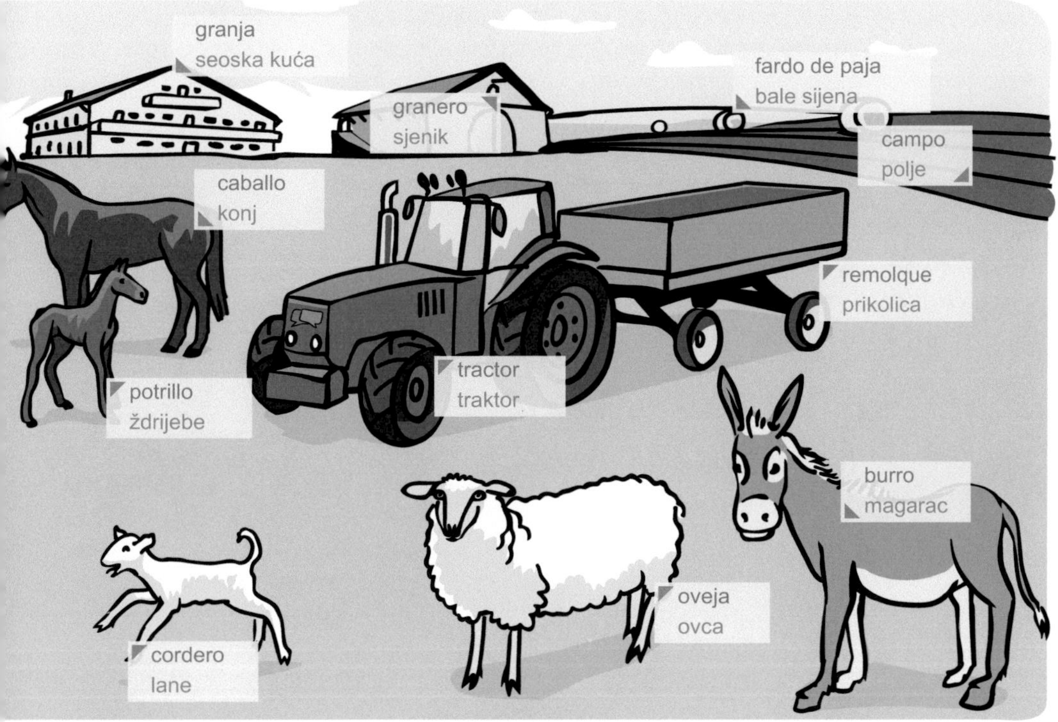

granja
seoska kuća
granero
sjenik
fardo de paja
bale sijena
campo
polje
caballo
konj
remolque
prikolica
tractor
traktor
potrillo
ždrijebe
burro
magarac
oveja
ovca
cordero
lane

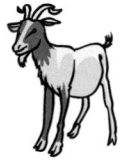

cabra

koza

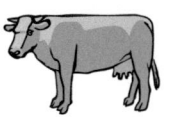

vaca

krava

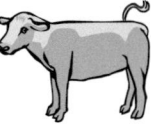

ternero

tele

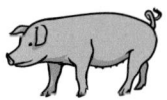

cerdo

svinja

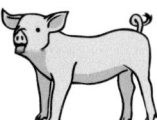

lechón

prase

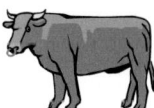

toro

bik

ganso
guska

pato
patka

pollo
pilići

gallina
kokoš

gallo
pijetao

rata
pacov

gato
mačka

ratón
miš

buey
vol

perro
pas

cucha
kućica za psa

manguera
vrtno crijevo

regadera
kanta za polijevanje

guadaña
kosa

arado
plug

hoz
srp

azada
motika

horquilla
vilica za gnojivo

hacha
sjekira

carretilla
tačke

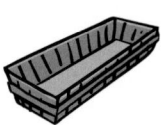

abrevadero
korito

lechera
posuda za mlijeko

bolsa
vreća

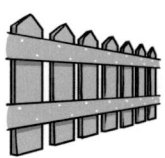

reja
ograda

establo
štala

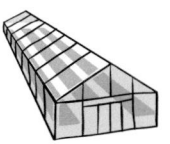

invernadero
staklenik

suelo
zemlja

semilla
sjeme

fertilizador
gnojivo

cosechadora
kombajn

cosechar

žanjati

cosecha

žetva

batatas

yams začin

trigo

pšenica

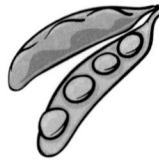

soja

soja

papa

krumpir

maíz

kukuruz

semilla de colza

uljana repica

árbol frutal

voćka

mandioca

gomolj manioke

cereales

žitarice

casa
kuća

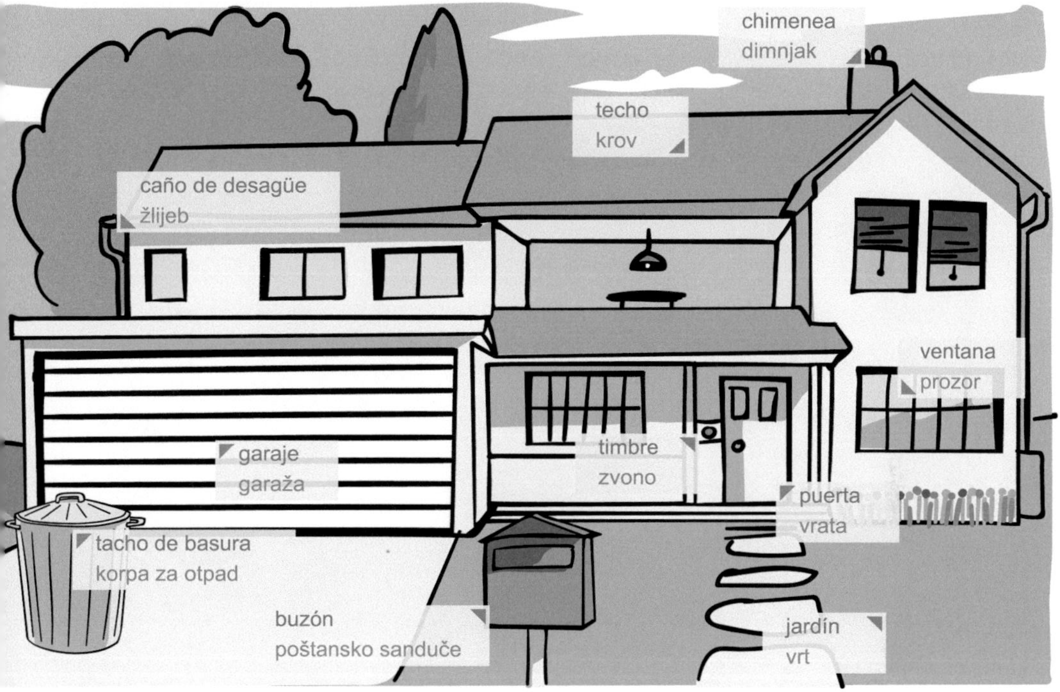
chimenea
dimnjak
techo
krov
caño de desagüe
žlijeb
ventana
prozor
timbre
zvono
garaje
garaža
puerta
vrata
tacho de basura
korpa za otpad
buzón
poštansko sandučе
jardín
vrt

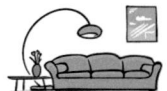

living

dnevna soba

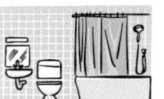

baño

kupaonica

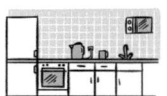

cocina

kuhinja

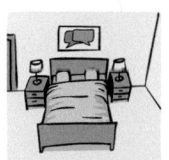

dormitorio

spavaća soba

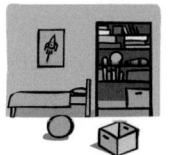

cuarto de los chicos

dječija soba

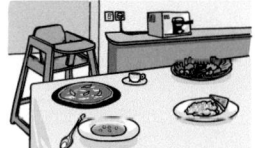

comedor

trpezarija

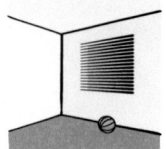

piso

pod

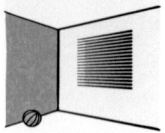

pared

zid

cielorraso

strop

sótano

podrum

sauna

sauna

balcón

balkon

terraza

terasa

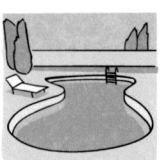

pileta

bazen

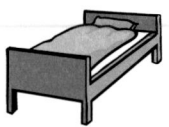

cortadora de pasto

kosilica za travu

sábana

posteljina za krevet

acolchado

deka za krevet

cama

krevet

escoba

metla

balde

kanta

interruptor

sklopka

living
dnevna soba

empapelado
tapeta
imagen
slika
lámpara
svjetiljka
estante
regal
armario
ormar
televisión
televizija
chimenea
kamin
flor
cvijet
almohadón
jastuk
sofá
kauč
florero
vaza
control remoto
daljinski upravljač

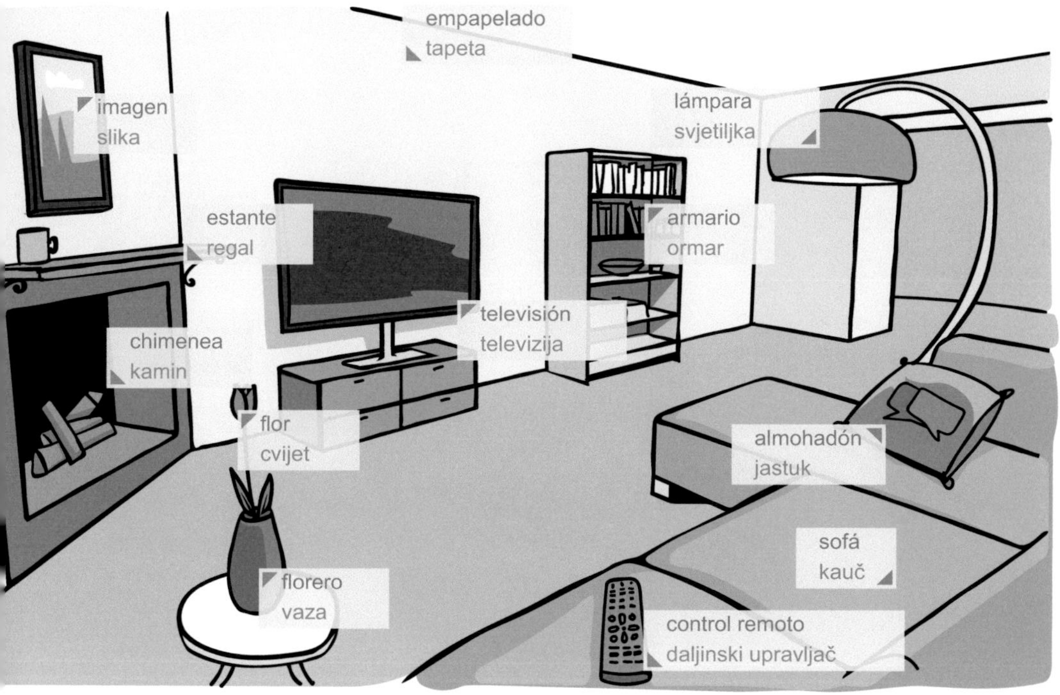

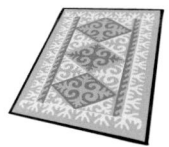

alfombra

tepih

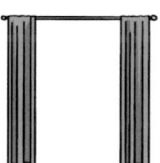

cortina

zavjesa

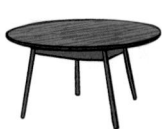

mesa

stol

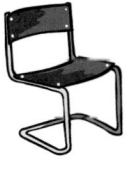

silla

stolica

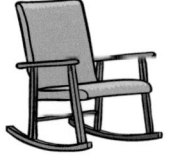

mecedora

stolica za njihanje

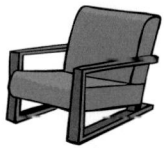

sillón

fotelja

libro

knjiga

frazada

deka

decoración

dekoracija

leña

drvo za ogrjev

película

film

equipo de música

stereo uređaj

llave

ključ

diario

novine

pintura

slika na platnu

póster

poster

radio

radio

cuaderno

blok za pisanje

aspiradora

usisavač

cactus

kaktus

vela

svijeća

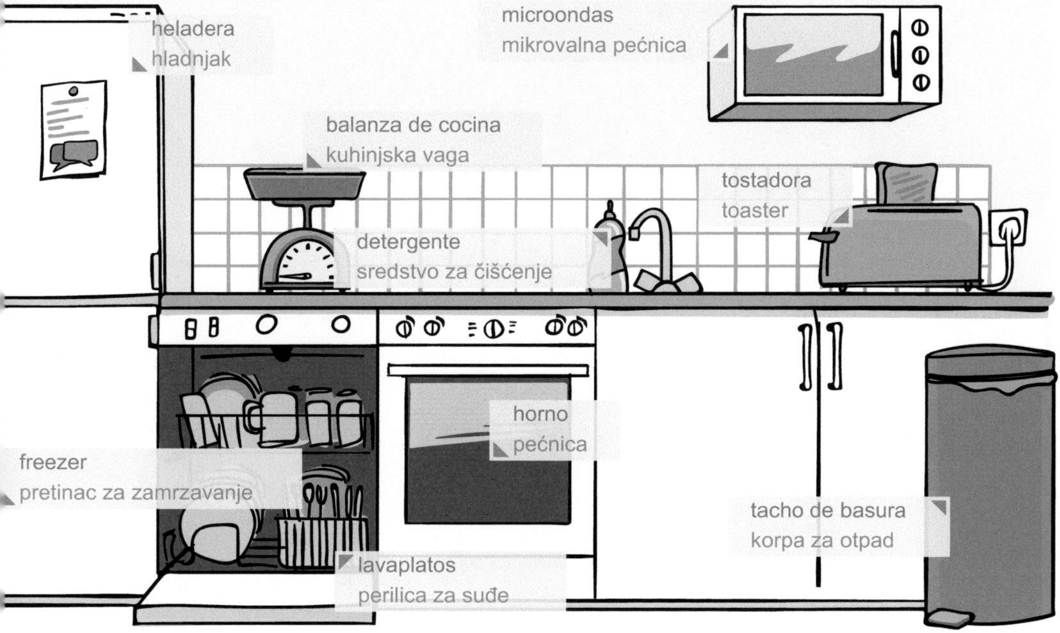

microondas
mikrovalna pećnica

heladera
hladnjak

balanza de cocina
kuhinjska vaga

tostadora
toaster

detergente
sredstvo za čišćenje

freezer
pretinac za zamrzavanje

horno
pećnica

tacho de basura
korpa za otpad

lavaplatos
perilica za suđe

cocina
štednjak

olla
lonac

olla de hierro fundido
željezni lonac

wok
wok / kadai

sartén
tava

pava
kuhalo za vodu

vaporera

kuhalo na paru

bandeja de horno

lim za pečenje

vajilla

posuđe

taza

čaša

bol

zdjela

palitos

štapići za jelo

cucharón

kutljača

estpátula

lopatica

batidora

pjenjača

colador

sito za kuhanje

colador

sito

rallador

ribež

mortero

mužar

parrilla

roštilj

fogata

ognjište

tabla de picar
daska

palo de amasar
oklagija

sacacorchos
vadičep

lata
konzerva

abrelatas
otvarač konzervi

manopla
krpa za lonac

pileta
sudoper

cepillo
četka

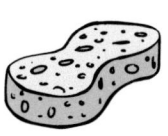

esponja
spužva

batidora
mikser

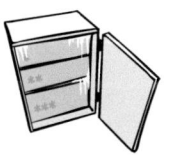

congelador
zamrzivač

mamadera
bočica za bebe

canilla
slavina za vodu

baño

kupaonica

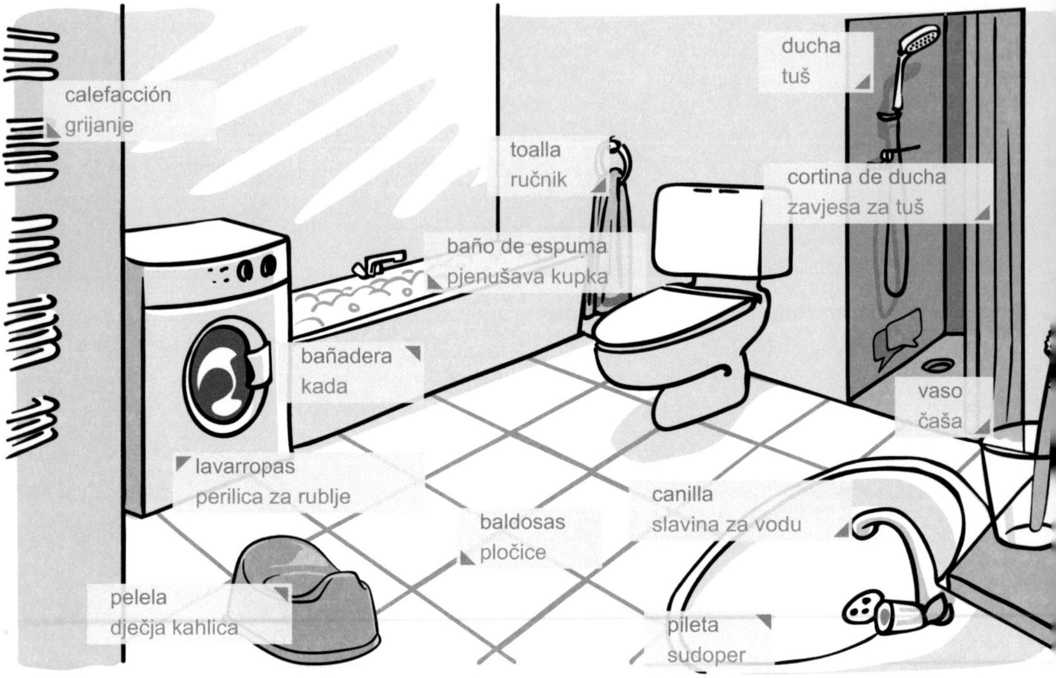

calefacción
grijanje
toalla
ručnik
ducha
tuš
cortina de ducha
zavjesa za tuš
baño de espuma
pjenušava kupka
bañadera
kada
vaso
čaša
lavarropas
perilica za rublje
canilla
slavina za vodu
baldosas
pločice
pelela
dječja kahlica
pileta
sudoper

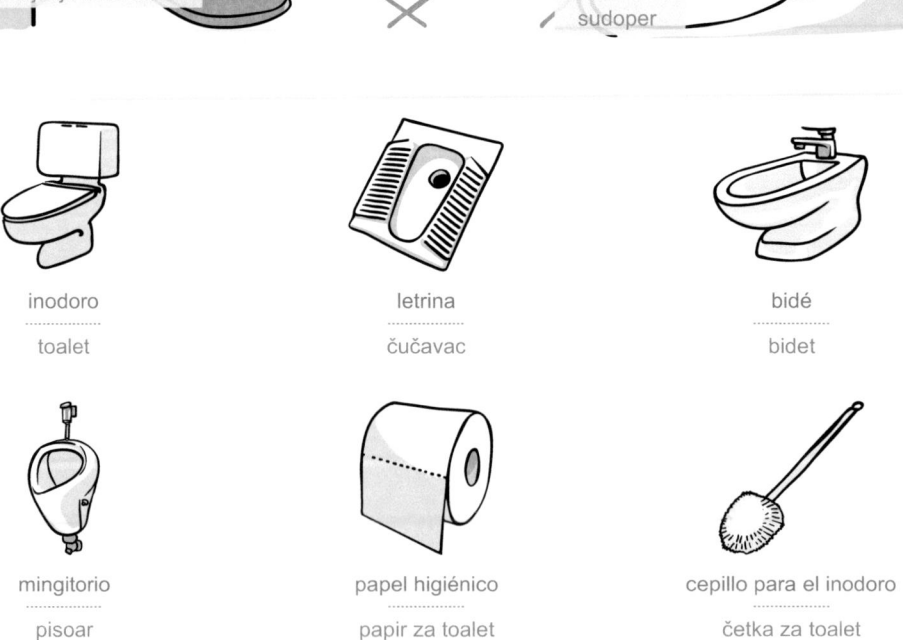

inodoro

toalet

letrina

čučavac

bidé

bidet

mingitorio

pisoar

papel higiénico

papir za toalet

cepillo para el inodoro

četka za toalet

cepillo de dientes

četkica za zube

dentífrico

pasta za zube

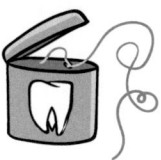

hilo dental

konac za zube

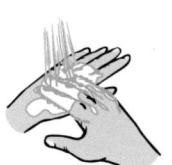

lavar

prati

ducha de mano

tuš ručica

ducha higiénica

tuš za pranje intimnih dijelova

palangana

lavor

cepillo para espalda

četka za pranje leđa

jabón

sapun

gel de ducha

gel za tuširanje

shampoo

šampon

toallita

krpa za pranje

desagüe

odvod

crema

krema

desodorante

dezodorans

espejo

ogledalo

espejito

kozmetičko ogledalo

maquinita de afeitar

brijač

espuma de afeitar

pjena za brijanje

aftershave

losion za poslije brijanja

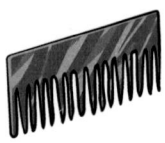

peine

češalj

cepillo

četka

secador de pelo

sušilo za kosu

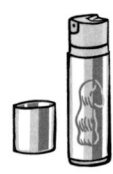

spray

sprej za kosu

maquillaje

makeup

lápiz de labios

ruž za usne

esmalte para uñas

lak za nokte

algodón

vata

tijera para uñas

škare za nokte

perfume

parfem

portacosméticos

neseser

banqueta

stolica

balanza

vaga

bata

ogrtač

guantes de goma

rukavice za čišćenje

tampón

tampon

toallita femenina

uložak

baño químico

kemijski toalet

cuarto de los chicos
dječija soba

despertador
budilnik
peluche
plišana igračka
coche de juguete
auto igračka
sonajero
zvečka
casa de muñecas
kućica za lutke
regalo
poklon

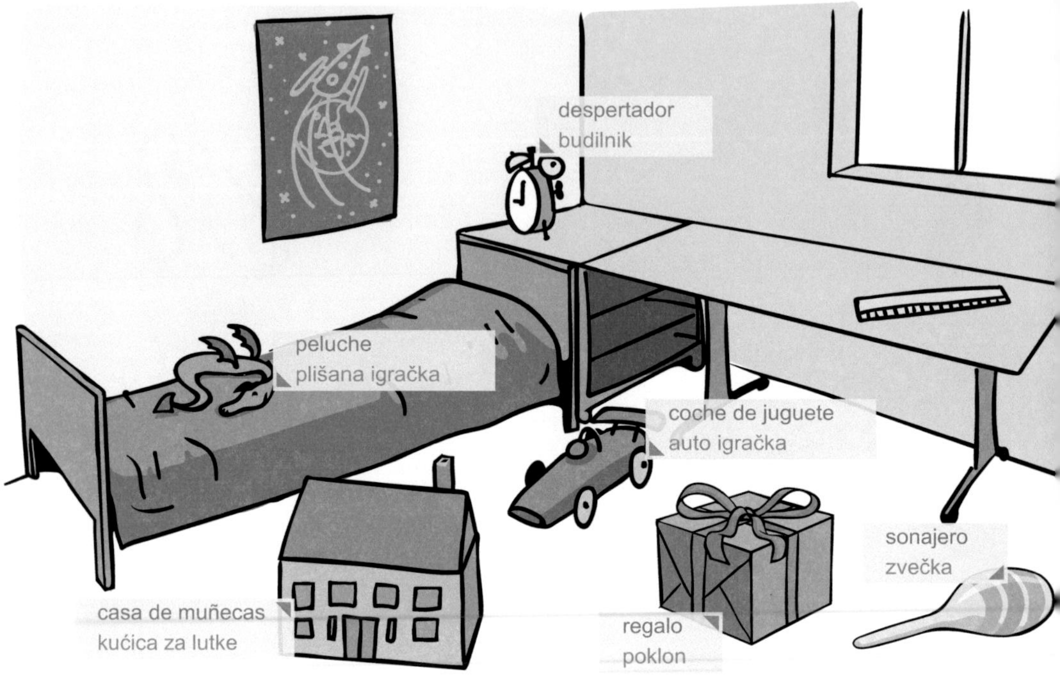

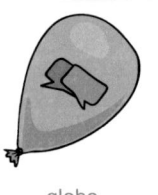

globo

balon

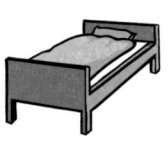

cama

krevet

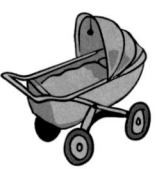

cochecito

dječija kolica

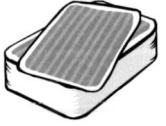

cartas

igra s kartama

rompecabezas

slagalica

SUPER MEGA

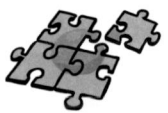

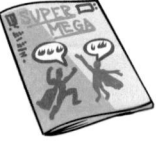

historieta

strip

piezas de lego

lego kockice

ladrillos de juguete

kockice za slaganje

figura de acción

akcioni junak

enterito (de bebé)

kombinezon za bebe

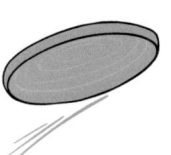

frisbee

frizbi

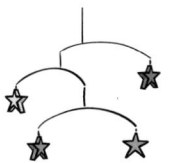

móvil para bebés

viseće igračke

juego de mesa

društvene igre

dados

kocka

tren eléctrico

minijaturna željeznica

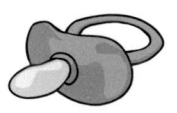

chupete

duda

fiesta

tulum

libro de cuentos ilustrado

slikovnica

pelota

lopta

muñeca

lutka

jugar

igrati

arenero

pješčanik

hamaca

ljuljačka

juguetes

igračka

consola de videojuegos

konzola za igre

triciclo

tricikl

osito de peluche

plišani medo

armario

ormar

ropa

odjeća

medias

kratke čarape

medias panty

čarape

calzas

hulahopke

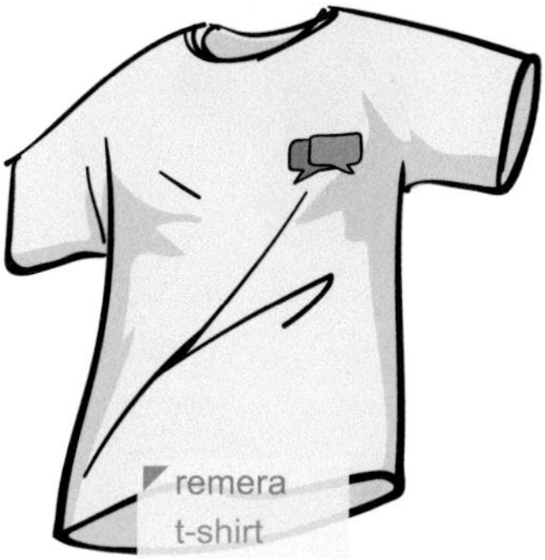

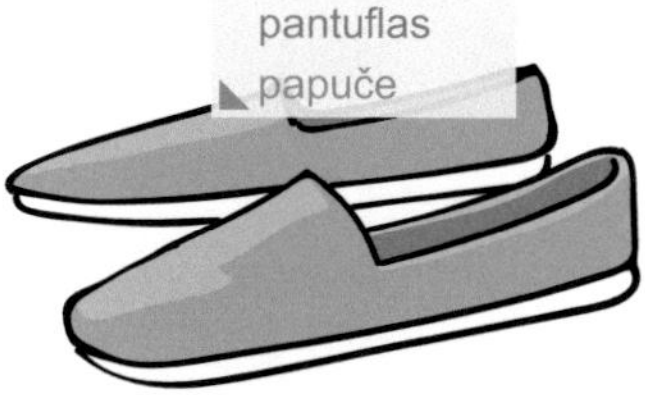

bufanda
šal

cinturón
kaiš

paraguas
kišobran

remera
t-shirt

zapatillas
patike

botas
čizme

pantuflas
papuče

sandalias
sandale

zapatos
cipele

botas de goma
gumene čizme

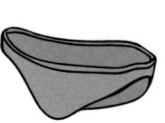

ropa interior
gaćice

corpiño
grudnjak

chaleco
potkošulja

body	pantalones	jeans
bodi	hlače	džins

pollera	blusa	camisa
haljina	bluza	košulja

pulóver	buzo	blazer
džemper	pulover s kapuljačom	blejzer

campera	tapado	piloto
jakna	kaput	kabanica

traje	vestido	vestido de novia
kostim	haljina	vjenčanica

traje
odijelo

camisón
spavaćica

pijama
pidžama

sari
sari

pañuelo para cabeza
rubac

turbante
turban

burka
burka

caftán
kaftan

abaya
abaja

traje de baño
kupaći kostim

short de baño
kupaće gaćice

shorts
kratke hlače

jogging
odjeća za trening

delantal
pregača

guantes
rukavice

botón

gumb

anteojos

naočale

pulsera

narukvica

collar

ogrlica

anillo

prsten

aro

naušnica

gorra

kapa

percha

vješalica

sombrero

šešir

corbata

kravata

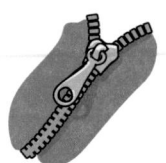

cierre

patent zatvarač

casco

kaciga

tiradores

naramenice

uniforme escolar

školska uniforma

uniforme

uniforma

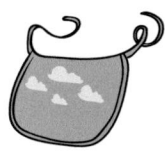

babero

podbradak

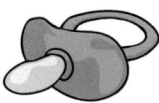

chupete

duda

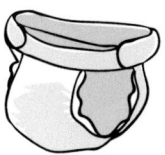

pañal

pelena

oficina

ured

servidor
server
archivero
ormar za spise
impresora
pisač
papel
papir
monitor
monitor
escritorio
pisaći stol
mouse
miš
carpeta
mapa
teclado
tipkovnica
tacho (de basura)
košara za papir
computadora
računar
silla
stolica

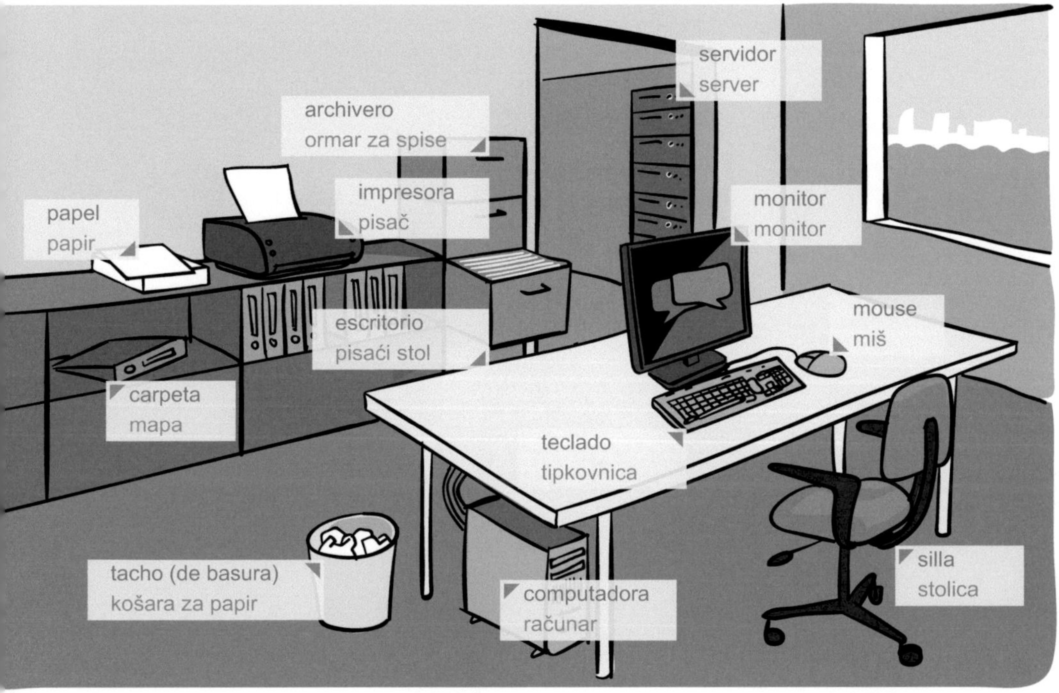

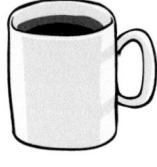

taza de café

šalica za kavu

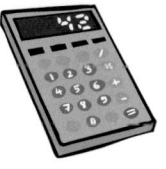

calculadora

kalkulator

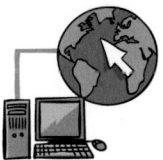

internet

internet

laptop

laptop

carta

pismo

mensaje

poruka

celular

mobilni telefon

red

mreža

fotocopiadora

uređaj za kopiranje

software

softver

teléfono

telefon

tomacorriente

utičnica

fax

faks

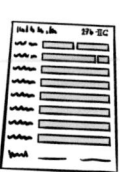

formulario

obrazac

documento

dokument

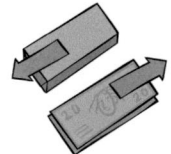

comprar

kupovati

pagar

platiti

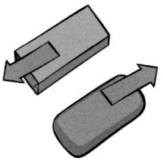

hacer negocios

trgovati

dinero

novac

dólar

dolar

euro

euro

yen

jen

rublo

rubalj

franco suizo

švicarski franak

yuan

renmindbi yuan

rupia

rupija

cajero automático

automat za novac

casa de cambio

mjenjačnica

oro

zlato

plata

srebro

petróleo

nafta

energía

energija

precio

cijena

contrato

ugovor

impuesto

porez

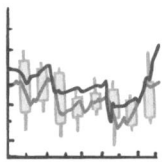

acción

dionica

trabajar

raditi

empleado

službenik

empleador

poslodavac

fábrica

tvornica

negocio

prodavaonica

economía - gospodarstvo

ocupaciones
zanimanja

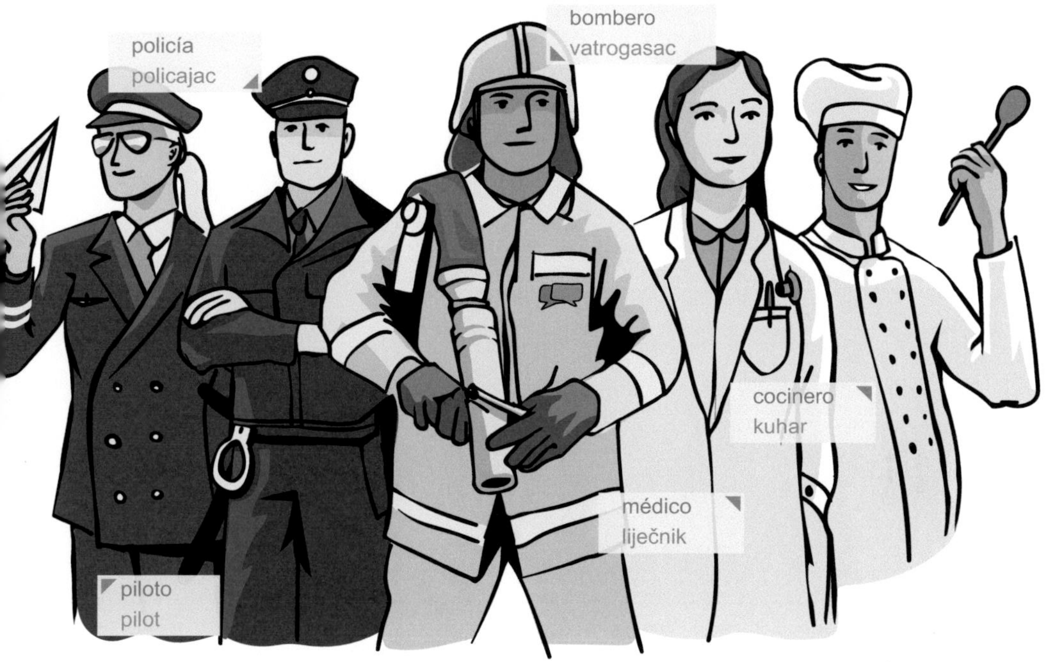

policía
policajac
bombero
vatrogasac
cocinero
kuhar
médico
liječnik
piloto
pilot

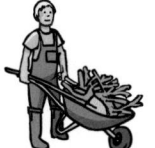

jardinero

vrtlar

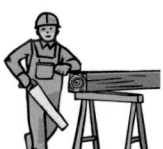

carpintero

stolar

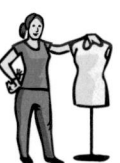

modista

krojačica

juez

sudija

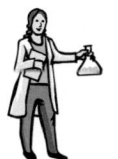

farmacéutico

kemičar

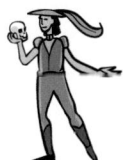

actor

glumac

colectivero

vozač autobusa

taxista

vozač taksija

pescador

ribar

mucama

čistačica

techista

krovopokrivač

mozo

konobar

cazador

lovac

pintor

slikar

panadero

pekar

electricista

električar

albañil

građevinski radnik

ingeniero

inženjer

carnicero

mesar

plomero

limar

cartero

poštar

ocupaciones - zanimanja

soldado

vojnik

arquitecto

arhitekta

cajero

blagajnik

florista

cvjećar

peluquero

frizer

cobrador

kondukter

mecánico

mehaničar

capitán

kapetan

dentista

zubar

científico

znanstvenik

rabino

rabi

imán

imam

monje

monah

sacerdote

svećenik

herramientas

alati

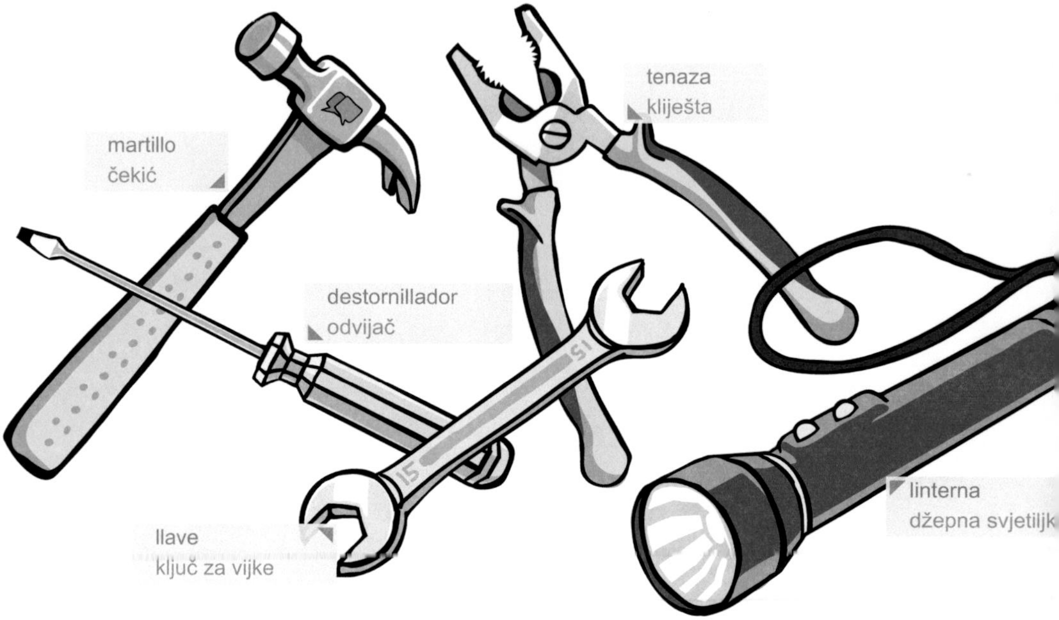

martillo
čekić
tenaza
kliješta
destornillador
odvijač
llave
ključ za vijke
linterna
džepna svjetiljk

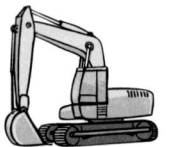

excavadora

rovokopač

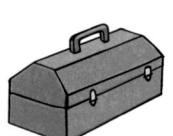

caja de herramientas

kutija za alat

escalera portátil

ljestve

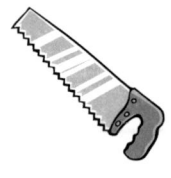

sierra

pila

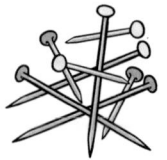

clavos

ekser

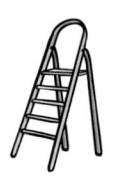

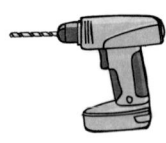

taladro

bušilica

arreglar
popraviti

pala de jardín
lopata

¡Qué bronca!
Sranje!

pala de plástico
lopatica

tacho de pintura
lonac za boju

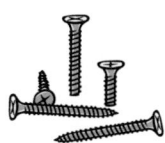

tornillos
vijci

instrumentos musicales
glazbeni instrument

batería
bubnjevi

parlante
zvučnik

guitarra
gitara

contrabajo
kontrabas

trompeta
truba

piano

klavir

violín

violina

bajo

bas

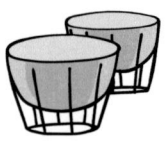

timbales

timpani

tambor

udaraljke za bubnjeve

teclado

keyboard

saxofón

saksofon

flauta

flauta

micrófono

mikrofon

instrumentos musicales - glazbeni instrument

zoológico
zoološki vrt

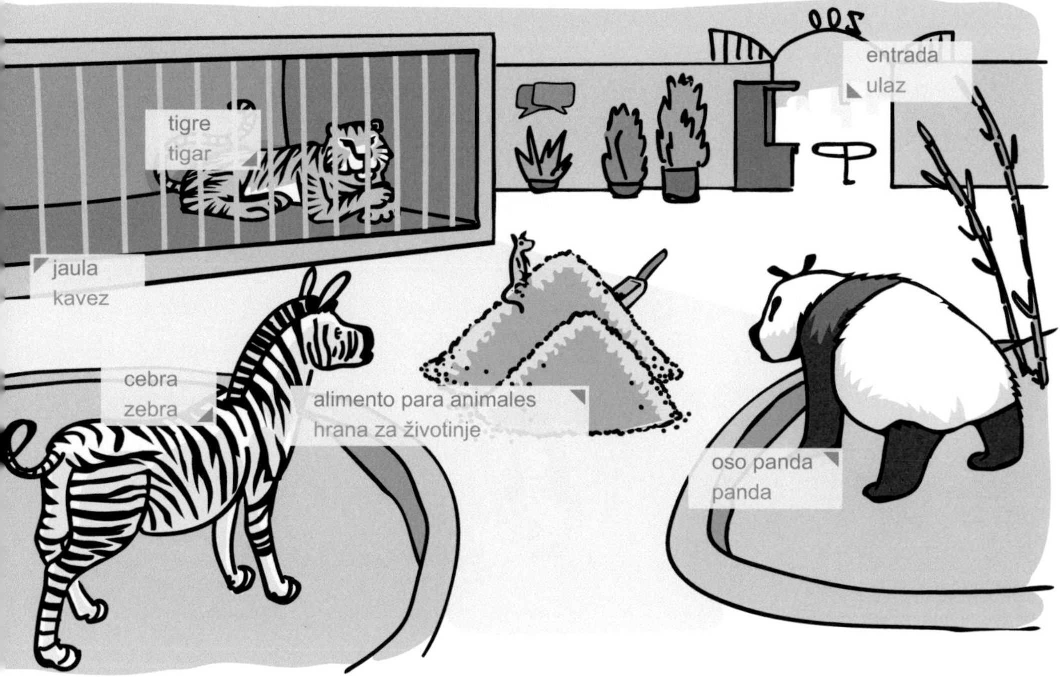
tigre
tigar
entrada
ulaz
jaula
kavez
cebra
zebra
alimento para animales
hrana za životinje
oso panda
panda

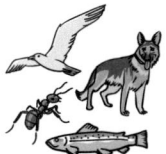

animales

životinje

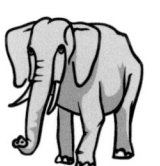

elefante

slon

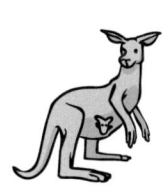

canguro

kengur

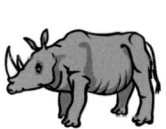

rinoceronte

nosorog

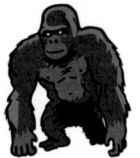

gorila

gorila

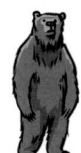

oso

medvjed

camello

kamila

avestruz

noj

león

lav

mono

majmun

flamenco

flamingo

loro

papagaj

oso polar

polarni medvjed

pingüino

pingvin

tiburón

ajkula

pavo real

paun

serpiente

zmija

cocodrilo

krokodil

cuidador del zoológico

čuvar u zoološkom vrtu

foca

tuljan

jaguar

jaguar

poni

poni

leopardo

leopard

hipopótamo

nilski konj

jirafa

žirafa

águila

orao

jabalí

divlja svinja

pescado

riba

tortuga

kornjača

morsa

morž

zorro

lisica

gacela

gazela

fútbol americano
američki nogomet

ciclismo
biciklizam

tenis
tenis

básquet
košarka

natación
plivanje

boxeo
boks

hockey sobre hielo
hockey na ledu

fútbol
nogomet

bádminton
badminton

atletismo
atletika

handball
rukomet

esquí
skijanje

polo
polo

reír
smijati se

saltar
skočiti

abrazar
zagrliti

caminar
ići

cantar
pjevati

soñar
sanjati

rezar
moliti se

besar
poljubiti

escribir

pisati

dibujar

crtati

mostrar

pokazati

presionar

gurati

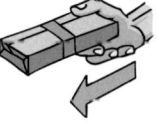

dar

dati

tomar

uzeti

tener

imati

hacer

činiti

ser

biti

estar parado

stojati

correr

trčati

tirar

povlačiti

tirar

baciti

caer

padati

estar acostado

ležati

esperar

čekati

llevar

nositi

estar sentado

sjediti

vestirse

oblačiti

dormir

spavati

despertar

probuditi se

mirar

gledati

llorar

plakati

acariciar

milovati

peinar

češljati

hablar

govoriti

entender

razumjeti

preguntar

pitati

escuchar

slušati

beber

piti

comer

jesti

ordenar

pospremiti

amar

voljeti

cocinar

kuhati

manejar

voziti

volar

letjeti

navegar
ploviti

calcular
računati

leer
čitati

aprender
učiti

trabajar
raditi

casarse
vjenčati se

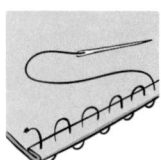

coser
šiti

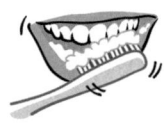

cepillarse los dientes
prati zube

matar
ubiti

fumar
pušiti

enviar
poslati

familia
obitelj

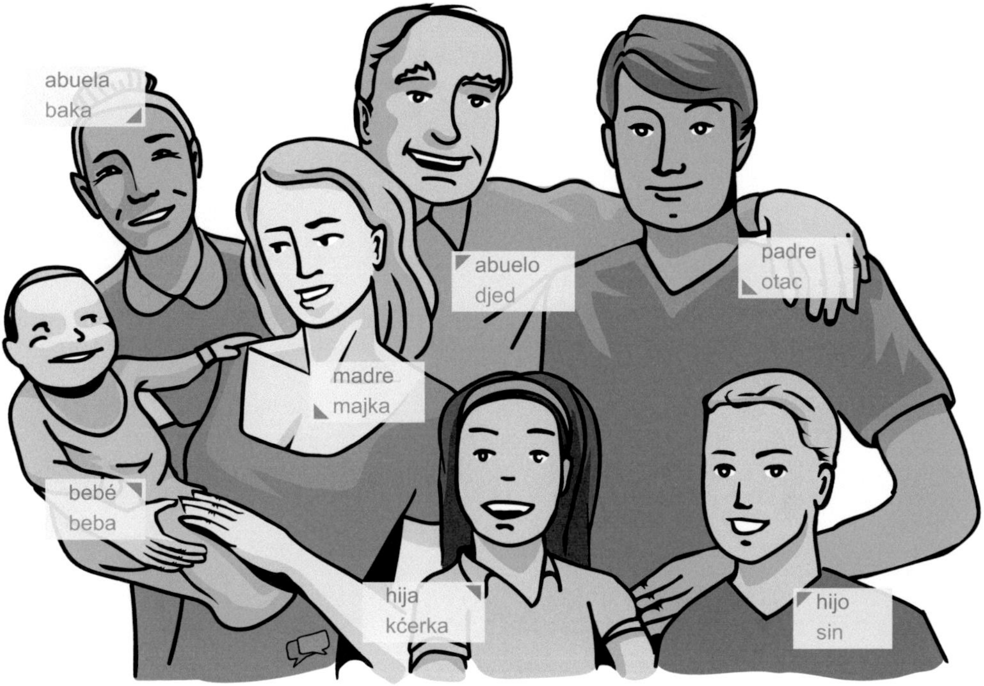

abuela
baka
abuelo
djed
padre
otac
madre
majka
bebé
beba
hija
kćerka
hijo
sin

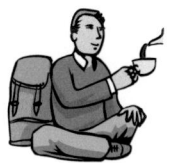

invitado

gost

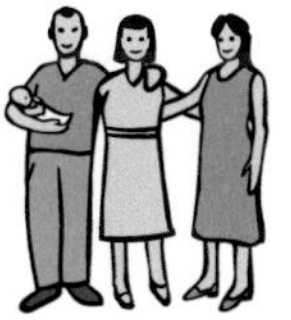

tía

tetka

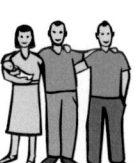

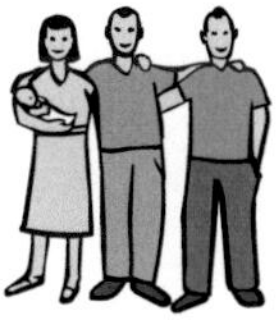

tío

ujak, stric

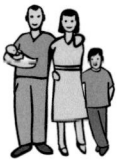

hermano

brat

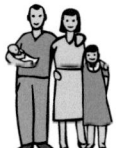

hermana

sestra

cuerpo

tijelo

frente
čelo
ojo
oko
hombro
rame
dedo
prst
cara
lice
pera
brada
mano
ruka
pecho
grudi
pierna
noga
brazo
ruka

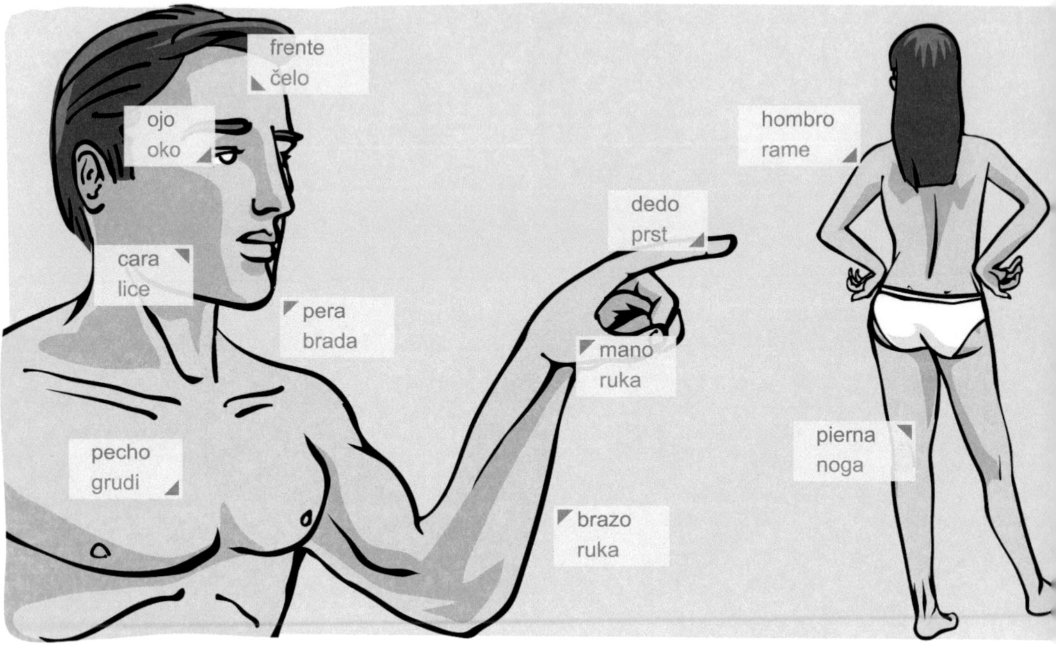

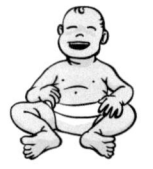

bebé

beba

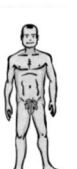

hombre

muškarac

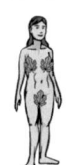

mujer

žena

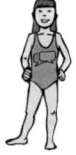

nena

djevojčica

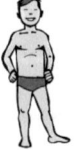

nene

dječak

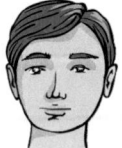

cabeza

glava

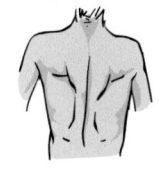

espalda
leđa

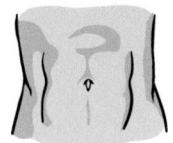

panza
trbuh

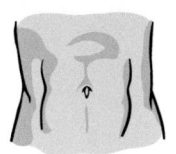

ombligo
pupak

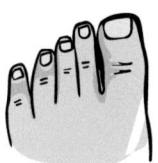

dedo del pie
nožni prst

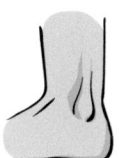

talón
peta

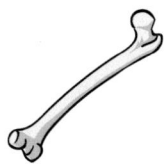

hueso
kost

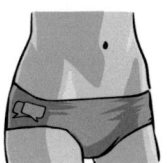

cadera
kuk

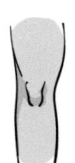

rodilla
koljeno

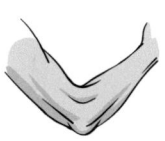

codo
lakat

nariz
nos

cola
stražnjica

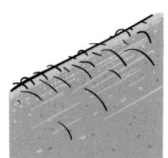

piel
koža

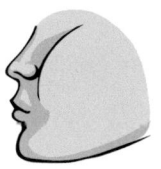

cachete
obraz

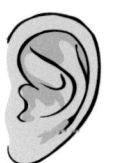

oreja
uho

labio
usna

boca

usta

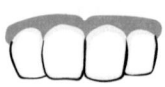

diente

zub

lengua

jezik

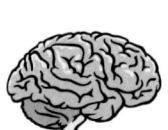

cerebro

mozak

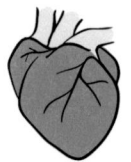

corazón

srce

músculo

mišić

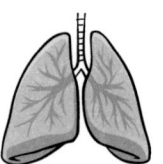

pulmón

pluća

hígado

jetra

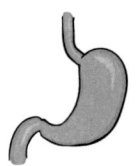

estómago

želudac

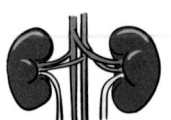

riñones

bubrezi

sexo

snošaj

preservativo

kondom

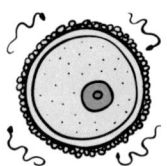

óvulo

jajna stanica

semen

sperma

embarazo

trudnoća

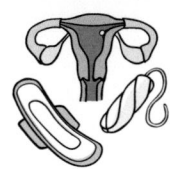

menstruación

menstruacija

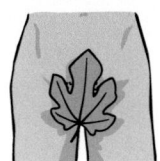

vagina

vagina

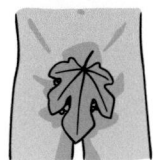

pene

penis

ceja

obrva

pelo

kosa

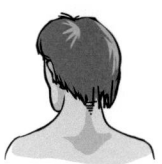

cuello

vrat

hospital
bolnica

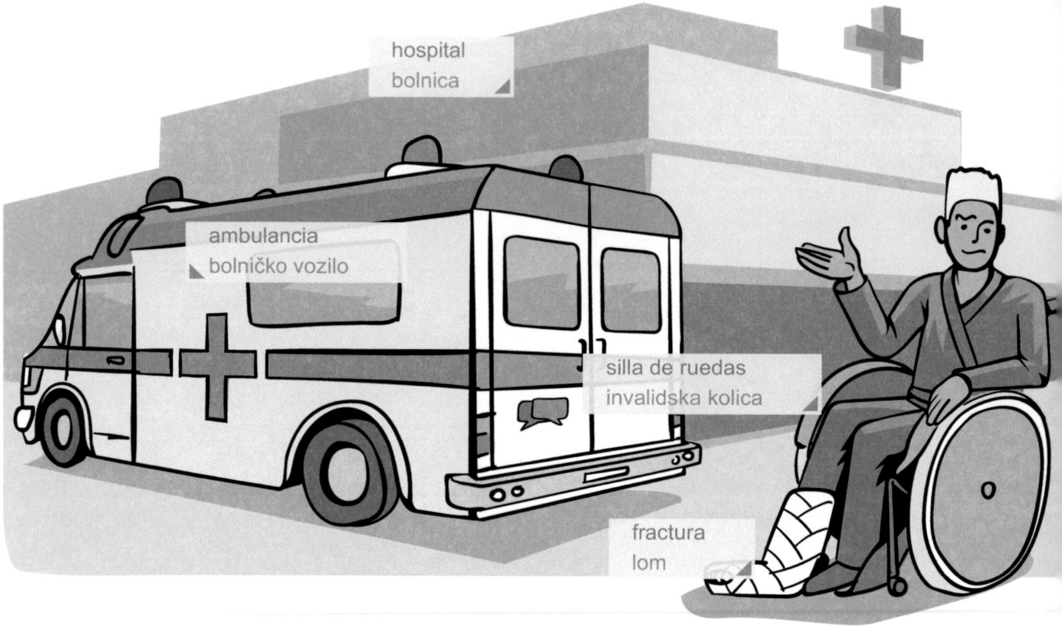

hospital
bolnica
ambulancia
bolničko vozilo
silla de ruedas
invalidska kolica
fractura
lom

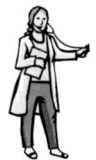

médico

liječnik

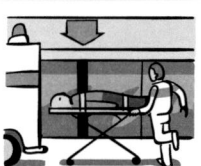

sala de guardia

hitna medicinska služba

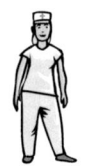

enfermera

medicinska sestra

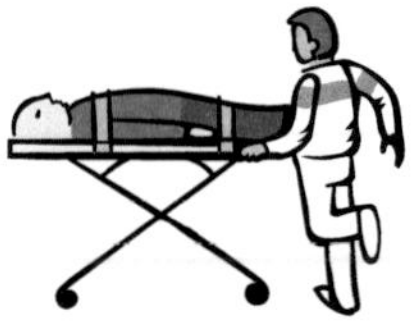

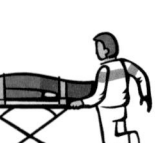

emergencia

hitni slučaj

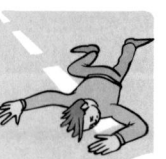

inconsciente

nesvijest

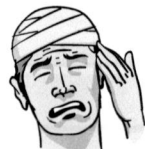

dolor

bol

lesión

ozljeda

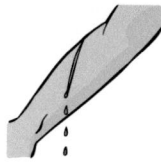

hemorragia

krvarenje

infarto

srčani infarkt

ACV

moždani udar

alergia

alergija

tos

kašalj

fiebre

groznica

gripe

gripa

diarrea

proljev

dolor de cabeza

glavobolja

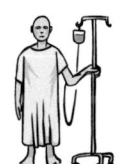

cáncer

rak

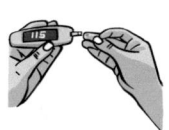

diabetes

dijabetes

cirujano

kirurg

bisturí

skalpel

operación

operacija

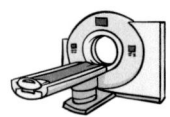

TC
ct

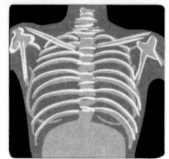

rayos x
rentgen

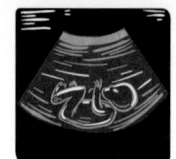

ecografía
ultrazvuk

barbijo
maska

enfermedad
bolest

sala de espera
čekaonica

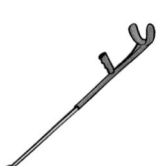

muleta
štaka

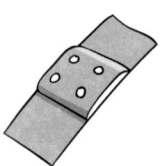

curita
flaster

venda
zavoj

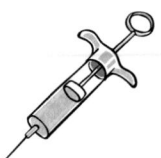

inyección
injekcija

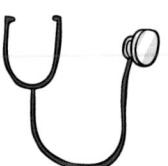

estetoscopio
stetoskop

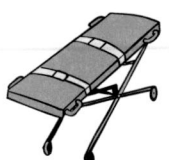

camilla
nosilo

termómetro
termometar

nacimiento
rođenje

sobrepeso
prekomjerna težina

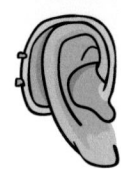

audífono

slušni aparat

desinfectante

sredstvo za dezinfekciju

infección

infekcija

virus

virus

VIH / SIDA

hiv / sida

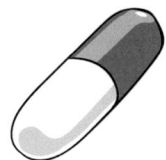

remedio

medicina

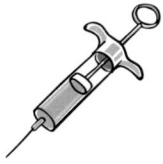

vacunación

vakcinacija

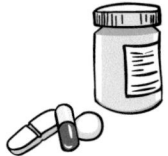

comprimidos

tablete

pastilla anticonceptiva

pilula

llamada de emergencia

poziv u pomoć

tensiómetro

uređaj za mjerenje tlaka

enfermo / sano

bolesno / zdravo

¡Ayuda! pomoć!	 alarma alarm	 agresión nasrtaj
 ataque napad	 peligro opasnost	 salida de emergencia izlaz za nuždu
¡Fuego! požar!	 matafuego vatrogasni aparat	 accidente nezgoda
 botiquín de primeros auxilios kofer prve pomoći	 SOS sos	 policía policija

Europa

Europa

América del Norte

sjeverna amerika

América del Sur

južna amerika

África

Afrika

Asia

Azija

Australia

Australija

Atlántico

Atlantik

Pacífico

Pacifik

Océano Índico

ocean

Océano Antártico

antarktički ocean

Océano Ártico

arktički ocean

polo norte

sjeverni pol

polo sur

južni pol

Antártida

Antarktik

Tierra

zemlja

tierra

zemlja

mar

more

isla

otok

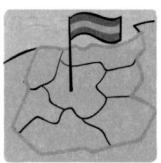

nación

nacija

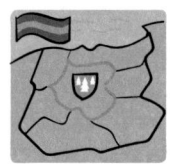

estado

država

esfera

brojčanik sata

manecilla de las horas

satna kazaljka

minutero

minutna kazaljka

segundero

sekundna kazaljka

¿Qué hora es?

Koliko je sati?

día

dan

hora

vrijeme

ahora

sada

reloj digital

digitalni sat

minuto

minuta

hora

sat

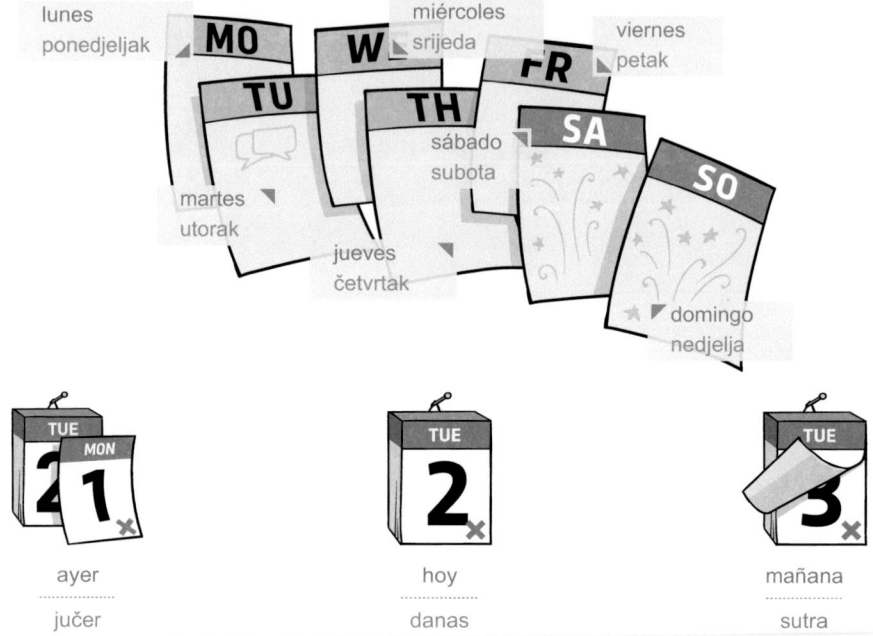

lunes
ponedjeljak

miércoles
srijeda

viernes
petak

martes
utorak

jueves
četvrtak

sábado
subota

domingo
nedjelja

ayer
jučer

hoy
danas

mañana
sutra

mañana
jutro

mediodía
podne

tarde
večer

días hábiles
radni dani

fin de semana
vikend

lluvia
kiša

arco iris
duga

nieve
snijeg

viento
vjetar

primavera
proljeće

otoño
jesen

verano
ljeto

invierno
zima

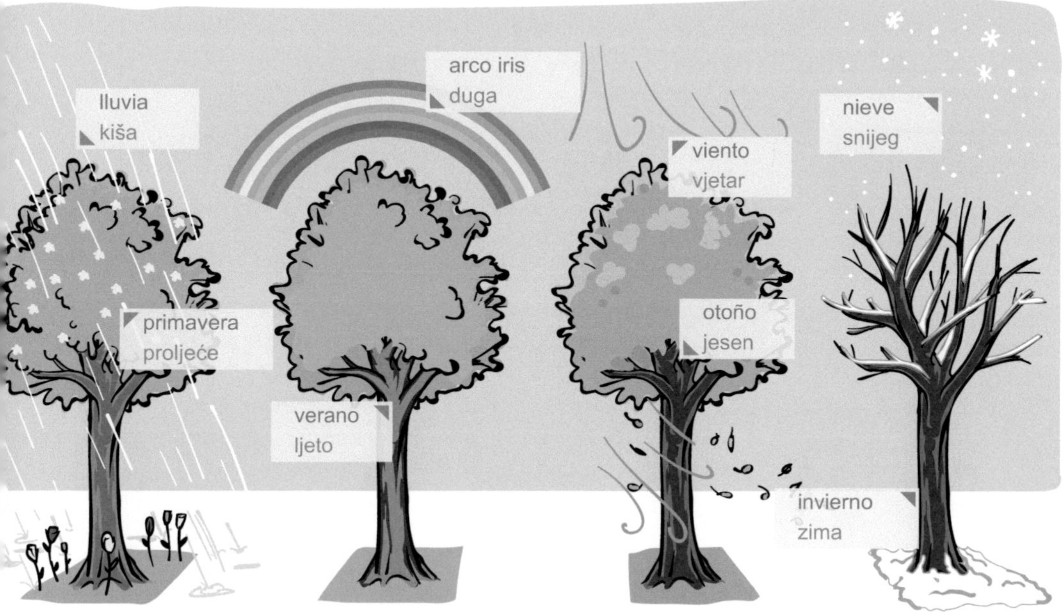

pronóstico meteorológico
meteorološka prognoza

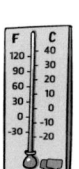

termómetro
termometar

luz del sol
sunčana svjetlost

nube
oblak

niebla
magla

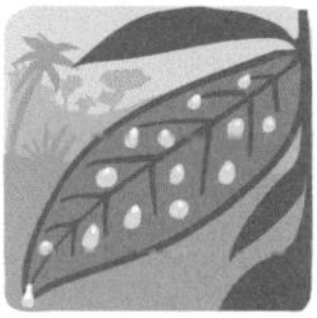

humedad
vlažnost zraka

rayo

munja

trueno

grmljavina

tormenta

oluja

granizo

tuča

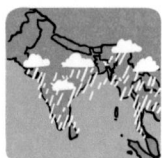

monzón

monsun

inundación

poplava

hielo

led

enero

siječanj

febrero

veljača

marzo

ožujak

abril

travanj

mayo

svibanj

junio

lipanj

julio

srpanj

agosto

kolovoz

año - godina

septiembre

rujan

octubre

listopad

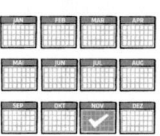

noviembre

studeni

diciembre

prosinac

círculo

krug

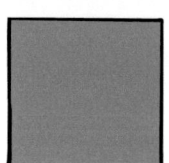

cuadrado

kvadrat

rectángulo

pravokutnik

triángulo

trokut

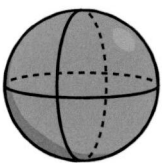

esfera

kugla

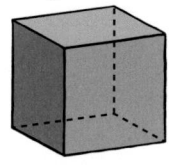

cubo

kocka

blanco

bijela

amarillo

žuta

naranja

narančasta

rosa

ružičasta

rojo

crvena

violeta

ljubičasta

azul

plava

verde

zelena

marrón

smeđa

gris

siva

negro

crna

mucho / poco

mnogo / malo

enojado / tranquilo

ljutito / mirno

lindo / feo

lijepo / ružno

principio / fin

početak / kraj

grande / chico

veliko / maleno

claro / oscuro

svijetlo / tamno

hermano / hermana

brat / sestra

limpio / sucio

čisto / prljavo

completo / incompleto

potpuno / nepotpuno

día / noche

dan / noć

muerto / vivo

mrtvo / živo

ancho / angosto

široko / usko

comestible / no comestible

jestivo / nejestivo

malo / amable

zlo / dobro

entusiasmado / aburrido

uzbuđeno / dosadno

gordo / flaco

debelo / mršavo

primero / último

na početku / na kraju

amigo / enemigo

prijatelj / neprijatelj

lleno / vacío

puno / prazno

duro / blando

tvrdo / mekano

pesado / liviano

teško / lagano

hambre / sed

glad / žeđ

enfermo / sano

bolesno / zdravo

ilegal / legal

ilegalno / legalno

inteligente / estúpido

pametno / glupo

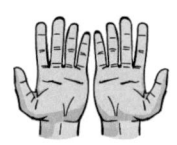

izquierda / derecha

lijevo / desno

cerca / lejos

blizu / daleko

opuestos - suprotnosti

nuevo / usado

novo / rabljeno

nada / algo

ništa / nešto

viejo / joven

staro / mlado

encendido / apagado

uključeno / isključeno

abierto / cerrado

otvoreno / zatvoreno

silencioso / ruidoso

tiho / glasno

rico / pobre

bogato / siromašno

correcto / incorrecto

točno / pogrešno

áspero / suave

hrapavo / glatko

triste / contento

tužno / sretno

corto / largo

kratko / dugo

lento / rápido

polako / brzo

mojado / seco

mokro / suho

caliente / frío

toplo / hladno

guerra / paz

rat / mir

0

cero

nula

1

uno

jedan

2

dos

dva

3

tres

tri

4

cuatro

četiri

5

cinco

pet

6

seis

šest

7

siete

sedam

8

ocho

osam

9

nueve

devet

10

diez

deset

11

once

jedanaest

12

doce

dvanaest

13

trece

trinaest

14

catorce

četrnaest

15

quince

petnaest

16

dieciséis

šestnaest

17

diecisiete

sedamnaest

18

dieciocho

osamnaest

19

diecinueve

devetnaest

20

veinte

dvadeset

100

cien

stotinu

1.000

mil

tisuću

1.000.000

millón

milijun

inglés

engleski

inglés americano

američko engleski

chino mandarín

kinesko mandarinski

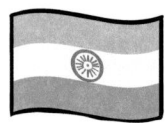

hindi

hindi

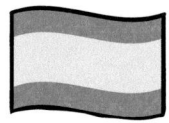

español

španjolski

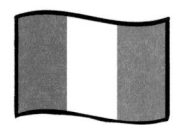

francés

francuski

árabe

arapski

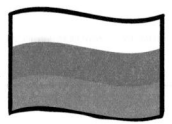

ruso

ruski

portugués

portugalski

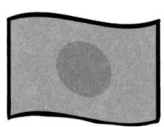

bengalí

bengalski

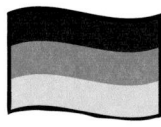

alemán

njemački

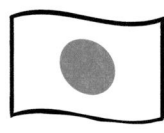

japonés

japanski

yo

ja

vos

ti

él / ella

on / ona / ono

nosotros

mi

ustedes

vi

ellos

oni

¿quién?

tko?

¿qué?

što?

¿cómo?

kako?

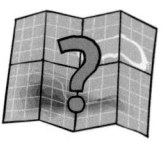

¿dónde?

gdje?

¿cuándo?

kada?

nombre

ime

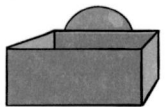

detrás

iza

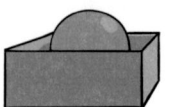

en

u

adelante de

ispred

por encima de

preko

sobre

na

debajo de

ispod

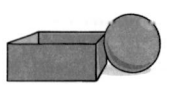

al lado de

pored

entre

između

lugar

mjesto